Cryptozoology

2024

Coloring & Activities

E.B. Bramelton & Associates

A BEGINNER'S GUIDE TO COLORING CRYPTIDS

Bramelton's Guide °

Edited E.B. Bramelton & Stickerbook Collective, LLC

Foreword & About by E.B. Bramelton

Authorship and Illustrations by David Priebe

Cover Artwork by Claudia Runsworth & Stickerbook Collective, LLC.

Edit and Layout by Stickerbook Collective, LLC

Published by The Bramelton Group
Bramelton Books USA Inc
First Published 2024

THIS COLORINGBOOK BELONGS TO:

____

Table of Contents

E.B. Bramelton & Associates

About

BRAMELTON'S GUIDES

The name Bramelton has become synonymous with excellence in the world of informative coloring books. Their research is as unmatched as their facts are unchecked. Starting with their founder, Professor E.B. Bramelton III, who first discovered the moon, Bramelton's Guides quickly became a leader in guidebooks with subjects ranging from Mummy's curses to horse restoration. In the modern era, their legacy is continuing through the cutting-edge format of coloring books. Always a leader in quality, Bramelton's casts its long shadow wherever the curious search for knowledge.

E.B. Bramelton & Associates

Foreword

Have you ever wondered about all the things that go
"bump" in the night? What are these creatures!?
And how would I color pictures of them if I had a
coloring book of poorly executed drawings for just
that?! Well, wonder no more! Nay, wonder not! Instead,
step inside the world of world-renowned author and
researcher E.B. Bramelton, who's known the world over
for writing his research. This is a bad coloring book for
people who know what cryptozoology is.

E.B. Bramelton & Associates

About The Author

DAVID PRIEBE

David was born in one of the top 50 most haunted states in the U.S.A. and is no stranger to the paranormal. His interest in cryptozoology began at an early age measuring the height of his bedroom window and comparing it to the estimated heights of Bigfoot.

In high school, with the advent of the internet, much more reliable information about cryptids became available. For over twenty years David has carefull-ishly kept mental notes about all of the eyewitness reports people have blogged about. This painstakingly hand-drawn coloring book gathers his wealth of knowledge and expertise into one easy-to-read (and color!) volume. Open your mind and crayon box to the possibilities of what goes "bump" in the night!

.

E.B. Bramelton & Associates

Bigfoot

Bigfeets may be the most recognizable cryptids, possibly because of their height. They're also characterized by having large feet, lots of hair, and a nasty stank. It is likely that shampooing their large bodies is time-consuming, and not done regularly. They're also always spotted in remote, wooded areas without adequate plumbing.

Bigfoot encounters are often brief and blurry. But his shadow looms large on our world. Known by dozens of names, he has made historical imprints on a variety of cultures for centuries and now has a growing number of product endorsements.

THE Bigfoot
Rules the NIGHT!

Bigfoot: Scourge of the great Redwoods

Bigfoot

```
I G L I F P U S O H H E V L J S I O K J F L M M C T S M V V
M W K A H L C I E M Z F O W G N Z N K W U Y N O E Z M B J N
P N B E N D O R S E M E N T S A H D O X R M U Y D A T N B S
R H Z Y G Z Z D C I E G O M Q C Y L I U B J J B I B L I E U
I U W W C L F U Y R J V F N B K N G D Q Q E G H S T B L R S
N J M D I Y I A P D Y F C K A S C I E A D G B Y H R G Z M R
T V A G R O G R D S A P U D W W C F M A L Z C S E W W A G E
S T W K C I J O H M E R T L K H N C X N L U J M V O Z R Z M
T K L U A F Y C R M M W L O X X A D W K L X V E E O T K V O
D X C N B T E K Z I Y F L X B P H T M O W D O L L U A C V T
Q Q M Y O H U S V N L H H A B R L A W Q O W I L E F B T D E
I T I L H R E N M Y C L L B O L O I F A R D C S D F J R S A
J R C X Z O D T B C A C A B W Z T T V U S X S A M M T S B S
O P C B K W W N R J V J P S V B J Z Q I T T K V F W P V I G
T G A T O I L E T R I E S B U J R B B S C H M Q Y J D G J
T M H U M N P G M F F L B L K I S O S Z Y E V A D Y V U F H
Z F G V S G K M A A K N V T Q H T A W S N F Q T X X Q E Z
I U C R I T Q W D N R Z B L U R R Y D N X E G O Q V R E E Z
Y I N T E R D I M E N S I O N A L S Z S L A H W I K R E T N
G V G N G E G H T N H L T R L T X H V F O O T P R I N T S G
W S T L M E C N N S G V T Q U S L O J X N M N T J K C J W Z
M K K V V S A W U G Q D Y Y I H D W J A A T B P A V A T Q T
W H N C A M P I N G A L D T S A L E M N S Z W X F O X E X L
N N K W B D I X E E I H N E Z M F R Y B T N Y P Q K Y T N R
T Q U X F M R W Q R N Q H N F P V I R V Y W H F I Q N W M F
D Y V V E F B W H I K W G X G O K Z B B S V B I N U F G A J
J D I J B X A C Q K K U I O V O Z H X B T K G E Q X S I P U
E J O J O Z Y T O G U Y U O K B S H R Q A E F Q D F Z E Q V
S Y S M U F X C A L I F O R N I A Z Y I N K X S T N W C L M
O X P H J J J R C E Z T X N V M Q L R X K X Q Y L X L T Q X
```

interdimensional

gorillasuit

footprints

toiletries

imprints

smells

rocks

brown

throwingtrees

whatwasthat

California

cryptobro

Camping

blurry

woods

shower

endorsements

nastystank

disheveled

Bigfeets

shampoo

remote

snacks

fur

Mothman

While Bigfoot may be the most well-known cryptid, the mythos around Mothman make it, objectively, the best. Aliens, Men in Black, psychics, Richard Gere, chapstick, terrified couples making out on an abandoned military compound, mass murder/destruction of public property, and, obviously, a great deal of drug use... It's at least two bat-shits more unhinged than most cryptid stories combined!

It all started in this weird little town in West Virginia in 1967. (Back then, it may not have had a Little Caesars, but when I was there investigating it did.) Some locals started seeing a flying dude with glowing red eyes and giant wings. Sometimes it was just perched in a tree, watching teenagers make out. Other times it flew around chasing cars and scaring the crap out of people.

Enter John Keel, author, investigator, and chapstick enthusiast... He talked to witnesses, wrote articles and later the book, The Mothman Prophecies. I bought his book at the actual Mothman Museum in Point Pleasant just before visiting Little Ceasars. It is, without question, the craziest shit I've ever read. When I started it I thought it would be interesting, but I only finished the grueling ordeal through sheer force of will. It goes from accounts of Mothman to weird phone calls from a guy called Indrid Cold, the invention of the Men in Black, who aren't human and are trying to get John over to aliens, other dimensions, blah blah blah. By the end of the book, every conspiracy known to man and some he made up are all connected to Mothman. Then, the bridge in town, a couple blocks from the Little Ceasars, collapses and kills a bunch of people. ...that part did, for sure, did happen.

So, when it's all said and done... what is Mothman? And did it have anything to do with a tragic bridge collapse? And if Richard Gere would have just treated it like a lady despite the late nights and red lights, could it all have been avoided? All we know for sure is that John Keel was nuts and West Virginia is the nexus point for drug use and UFO sightings.

Mothman

Mothman

```
W N P K A K S L Y E K W C L O T A D A K X Q D Z F U T Y W V
P A Z N J Z Q L T P W C E N I U A C L J I D A B O G I N O V
C O U M J M B X Q I E D S I A T P Z J V S O C Q J D A T S W
Q Q A R H X W C G F S G P N F M T K M K L Y N T N M H M X V
R R V W E Z A W D K T H R D J O O L M E K K L S G N J A D A
X L O M T I G N S W V H O X E Q P C E B N Y A M L T M Z N Q
S E E K H H J A G M I H P N O E Y K G C O I B L V Z A V Q M
K S B C E M Y B D D R U H A O J U A U P A A N U Z Q Q J Q U
B V H H I A E K N G G D E R O N J J R M Y E L B G V Z T H S
A O S A C K Y M I M I V C F C N I K W J V B S L L F A H H E
I H W P P I K V K V N A I T V U W N Q M T P N A G A L W V U
I N T S R N Q L J A I M E T A L S T A T U E A R R X C V I M
C F V T J G R N B H A D S U I S E K M M Y C C F W S N K J N
R N B I H O I I P U V R Y D C C R T Z B A A R T D M A Z L H
B W Z I D U C B W T J P C J N Q S E B O B S A T I I E P M R
N R G I K T H B A Q L O Z Z J C B R O U A P C U W X M D Z F
J K Q I P A A L G I Z I J Y A V L R A F Z T X C B W A E L T
Q I J C D Q R A Y H S N E I V T D I S R V E S F T X R S U Z
Z V O K I S D H R K A T M H L B I F G K N G Y U X S V K W P
I A H C Q D G B E L Z E P W R N Q M I V N B M U N U S W Q N Y
C I N E H D E L F P B L P H U S E E D K K Q R D D H R R O X
L E K B G X R A H F W E D E C S N D J Y E N N P Q G R C W B
U E E X Q I E H V B Z A Z J J W S C I N D R I D C O L D Q R
J G E M G M N B V K O S F H M P I O M W G B M Q F S Z B O I
C L L U M F W L D Q Z A M S O X O U X B L G B Z B Y H T P D
S Z A T U L F A Q A W N N M T F N P S X C O A Y D L W J C G
Z N E C I C U H I L I T O H H P S L R P C Y V G X I G I I E
V C E H F T U Z S B S U W C M Z F E D B P N Y P T J V Y L G
E W U A L M K G V R Y O V X A K E S Q V D F L P K J I X C K
B Z D W I L L S M I T H Y N N K Z F C N X I K P Y W Q L Q C
```

TerrifiedCouples	LittleCaesars	PointPleasant
Chapstiiiick	WestVirginia	BlahBlahBlah
MetalStatue	MenInBlack	IndridCold
Dimensions	WillSmith	RichardGere
MakingOut	Mothman	Prophecies
JohnKeel	Bridge	Museumn

Grays

Speaking of UFOs, let's learn about those mischievous, cattle-mutilating Grays! I've never been IN a UFO before, but loads of people say they got that golden ticket. Inside are usually bright lights, bizarre sadistic orifice-piercing tools, and the Grays. ...sometimes also Nordics and Reptilians or RNC delegates, but always Grays.

So who are those short, creepy little shits? Beings from a far-off system in another part of the galaxy? Or creatures that exist in a dimension outside our own? Demons? Or demons from a far-off system in another dimension? Experts don't seem to agree. Some people even think they might be friendly, and all the probing and mutilating is just bad PR. Obviously, that's crap. ... I mean, look at them... You don't need to be a cow to surmise the Grays are evil. If one invites you on a saucer ride, politely decline.

But why do
They HATE cows?
The Grizzly Greys

Among us

Grays

```
H S Y H H D E I L P T P A C U G T K Q F G G U Y O M P Y K I
B W J W Y S P B R D U K S T U D D I M E N S I O N B R I D H
Z N R P E N V A Y E F Q A W H P J R T J Z A A Q Z P O V I R
U Y N T D Q R D O Y P O S J N F O M S Q Z R T M J S B J X T
F L F A D I N P B K F S B X J H E S L V U E G G Y N E E G A
O I T F N S C R A E A A U X P S N I G S S X Y M O C S H R F
S X I W K B K R B C B Y E I M G P Q G N G A A L R O O O K W
N S D P Z P K F E R D Y O R P R I N V A D E R S I F Y R L X
C N F G H R R R A T U Z M A F G M E M W T U O L F H A Y S W
N O F C P K X Q M F C R B T H P A D U H Z C O J I I M I O R
M A D M O T P B S G T U E Z F E T J T X O S I Q C G W L S S
B K S I F I Y Z O N I B J H D E E R I S O J L M E M G G A W
J S J Z Q B J P F T O Y I O L O K E L V K M K L P X G X U O
P W S X K M P O L I N R E Z B H K A A X V Y E G I L H T C K
G D H U Q E X I I K S S Q E A O G U T A Z Z P P E Z A N E C
A Z A K S Y C V G Z X Y C Q L R I F I A X F B P R B F N R A
A W X Q Y Z C F H D I T W C X B R R N W R S F X C K V F T H
E M X K B L Z W T M D P Z P K H E E G Y K K Q W I R S P N S
N W S H O R T C R E E P Y L I T T L E S H I T S N W Z V E I
X L J G E I K D H X A A J X I M L I U Z R Y T Q G J D Y U G
S N D A T K J D S W T O L R W P P R P P F L Z O W Z C O M M
B E X L A E A E V S B P H U I C V U J Y C D B K K V L L F P
B F L A P Z Q M B V W P E H K D C O G K W Q B R Y B M S U T
K E Q X C X Q O L A C S D K L F K X I J F A M T A G Y C O V
W R V Y G J D N F U R P F Y C O U Q S S F U K R K C S A B W
W W D I K Y G S J D W M A E J G O L D E N T I C K E T L H C
B U Y W W N R V W X F L Q G I S Y G E P H U H U G T R P O P
L M T J Z D H N A R P Y T P Q M J C H Q J F N T G Q C T Z H
F K L Z C Q P Y B O F C C I Z J H M M M L U L G V P D C W H
N Q F V E I L G Q B Z R C E X X C J H S T R Y P J K E E Z K
```

shortcreepylittleshits	RNC	orificepiercing
goldenticket	beams of light	abductions
mutilating	dimension	Implants
invaders	bizarre	probes
galaxy	Demons	saucer
badPR	UFOs	

Black Eyed Kids

Speaking of politely declining... if a creepy kid with black eyes ever asks to come into your house, you should say, "Nope." Why? I mean, I don't really know. All the stories about the black-eyed kids end with them trying to get invited into someone's house and seemingly not able to cross the threshold into someone's home without an invite. And, I mean, I get it. Normally, strange children who knock on the door have human eyes and are selling something, and all the neighborhood kids just push their way in and could give two shits about a formal invite. So, when someone stops by and has, like, weird Satan eyes and says, "Please invite me in!" ...seems a little "sus," as the kids say. But the flip side is that all the stories about these little turds end with people saying no, so why not be original? I mean, you can probably beat up a child regardless of what color their eyes are. Can't you? Anyway, also, one of them had like animal claw feet or something.

well, hey
mister! let me
in!

Black Eyed Kids

E E M Y F S D F M D T D E F E C U N B S P C O X F T H C U A
L H C D E K R Z P K A W S U K C N R C U N V P R E Q U E R Z
G E C D K F V X E F D F Q J O T X H Q S I H O U Q F D G O O
Z T H I R Q U I S N T P B W Z T W X W S K Q L P J K J A Y Q
O B Y F K D W Q H O A F R R A M V L Y U Q I Q C W M C R Z
J Q U X O S J I Q S U L P V P P T X V B K F T B E I X O L P
M L C D N K P C W T E B M N P V C M J A X B E Q X O M G E L
T I K U M H V F B L A V X J N H M K V A L K Z M A W G
H T X E Z O W H M P A A S Y E O J N Y A E M Y A V Q F C T D
S T P A Y M V I B X X C Y O M Z X J T P A S D H U P J Y N U
T L H M Z E R K J L Z P K K M Z A U U Q E E H M C W J N Q
O E N I M M B X W E O E S S U Q U N A Q G L C F I D N S L H
C T J T Z D Y K F T H Y V N B V Q H R A U L L X N D W M I F
P U B V C L A W S F W E B E R P B V I Z Q I I M L Z K J N
I R T S O D I J Y O D S N I S F H O O A X N N X H Y L W V G
P D H T S H H N W R U Z F G J P C K J F X G E H V X O J F R
I S R A K K P Z Q M D U T H E H R C B D Z C W Z T Q Q A L I
Z D E L P U Z E N A H N I B S C E P V J S O C U M M J I S E
X D S K S E P D B L L K O O B L E H Z Y H O G E B Y L F E D
Z K H E T H Y C F I Q X E R I C P A P H R K J O X X S V E Z
K B O R G W H E U N N O M H C V Y X R M V I R C Q V O G H D
D N L S V H L X B V B X V O Q X P H D F P E A W V F R T R N
Q N D D H H H M D I G X D B O A A Q B Y S I C T K G K A T
S P C U G J E K O T O J H D Z G S T Y G K B J A H Y D S L L
U A T L C E V G I E V P I K U K T H Z N O C Y H J L O G O N
B A T A G X M A X Y S P G I P Z A V W P I Z R B B X C V Y U
Z D X B A O O A D Z P W L D K V N U S A T U L E N D E K Q U
Q V T X C L U N T D Z M U S U L C X T E F E E T E T B O W J
W W T M U Y M N G S N Q B Z J E Z D V Z F L U P I P R U Z I
R C A C C Y Y Y R D S S M E A J R Y W F I G H T E M Y E B V

NeighborhoodKids	PolitelyDecline	LittleTurds	Feet
CreepyPasta	SellingCookies	BlackEyes	Yuck
FormalInvite	Threshold	SussyBaka	
FightEm	Creepy	Stalkers	
Claws	Home		

The Wendigo

Ok. So, if a Wendigo knocked on my door and asked to come in, I would, 100%, say no. But they're clearly flesh-eating and adults. Wendigos are cannibals who are like part deer and part eating disorder. They live in the woods and show up eat people or possess regular people and then make them eat people. But someone always gets eaten. This one comes to us from indigenous folklore from the Great Planes. Because Nebraska has always sucked.

One of the things I like most about the Windigo is that there are multiple spellings. So, it's pretty hard to get wrong. But, that tracks for Wendy because it might be an evil spirit. ...But it also might be an evil chimera whose presence is heralded by a foreboding smell? As long as you start with a "W" and end with eating someone, you're on track!

The Wendigo

The Wendigo

```
V S A O W Y Z W K P A O A K V D U B N Q K M Q N A D R D F V
U E F N R V B X D I G W P X T B V A T Y L W L V U R T C W
T M L C T M A J W A C F L F X P Z X S N A A N D Y F G M Z I
F J X X O L L E M E R V Y B O H X Y Z J Z P S Q O M A H I S
Q B C I A D E Y I M N A Y H W H C L R D Z W C V E Z R G I D D
W T O G P I N R K I G T P V I C W Y U U D Q I V L O O R B R
V O P F G D E I S I W J I V I M E H B B F S H N N L O Z L J
R F O S W Y K B N W G V N G A B I K I O W T S S D A S D S B
H E D D P O A I F A J M J L O U D A T L S A T F Z I O V N F
K R S B S U D W L A Z T I E M Q X S C W S F I R K T G H W T
A B U F Q H U I S L Z D U D A D R W S T Z T P N Q S T A B F
N C Y C P E L N D B I C J R W P F P F Q T I E W D T X I W F
Q S Q O Q A T D F K U N I V F E N L N F D F Y L Y I Q U I T
H I Z K A R X I D F S T G T C M S W E W N E O J I T G K N T
I W Y Z G S R G N J Q F U Y X U N T E S W K H U G N U O D T
F R H Z Y O T O N Z X R C T O Q A L G N H R Q W T N G F Y Q
U W V B G M F A L W A F V V T U V L Y J D E Y D I Y G Z G L
A F G F N E E Y D B C L V C S G P F M G I A Z C N N V O L
O Z V J Q T Z A B C N Q N H G H G U M P G G T K V D I G N
G S R X O H Y E F A N N N B Y T T Z Y E C I T O I O P A O O
B R G P A I Q X D N T M X K A X H W I H T I K O W N N U G Y
L Q B A W N S N B N P W X B V P W F I J C S E M I U G F L O
N N N K I G G S U I N E P D J L P I A W S T I N K Y D Q I U
G P H N T V X E I B D E F A X I F A N D X H R W G S J L V D
R V I Z I J X T I A N N L S L U Z Q L T V U C O K Q D P T I
R W Y X K V B Q D L X D O Y U U Y K X A E W I N D E G O X D
O B R N O J A T B J E I X Y N T C Y G D C R G N X T Z H N N
P G W G U Z Z J Q X M G N D X V O O C Z B H G H J B N G P T
P Q L E G B N D S R B O V Z J A A L B J M D I O M U S L X Z
P G T Y M C A L L I N G Y O U R N A M E W S J A H U J H A B
```

W

Appalachia

Wintergo

flesheating

Weendigo

Windago

Witiko

woods

Waindigo

Windego

Wendigo

Windiga

midwest

adult

whilsteling

Windygogo

Wihtikow

Wentigo

Windigo

antlers

Stinky

CallingYourName

didyouhearsomething

noyoudidnt

cannibal

Killingyouguy

Shadow People

If Bigfoot is the most known and Mothman is the most interesting, then Shadow People are surely the lamest.

What are they? Well, gaze into the depths of your most terrifying turned boring memories and ask yourself this question: Have you ever seen something that looked like a shadowy figure out of the corner of your eye? Your heart starts to race! Adrenaline does that weird explody thing you feel radiate out of your innards and makes the pit of your stomach sour. The wild and untamed gut reaction to flee or fight takes over. And then, as you whip around and focus in on your surroundings ...you realize there's nothing there.

And, if you're normal, you surmise that it was a dimly lit
moment in time that your eyes couldn't recognize as
boring before your brain went all panic attack on you.
Or was there something there? Some sinister spirit
lurking in the shadows- one with the shadows! Nope. It
was your eyes. 100%. And you also really do need some
professional help to unpack these panic attacks.
Screaming at the nothing in your bedroom and then
spending an hour and a half googling shadow people
is really starting to freak out your mom. But, at least,
she'll lay off asking you to move out again for a bit.

Shadow guys

Shadow People

```
H D A J J O U O M R H T F S W F L C Y Y S P J N T E E E G E
Q Z E X P L O D Y S C C M H H Z P C H T N Z N S A H Y H N A
T U Z N D G G S X G G V F R D A G N P A K G T B T N J H L B K
W P G U L N G H G O E J L P S U D Y Z T W Z M G A S T C K Q
V O A L B S T D K Z G J P A N P Z O P E Y O E C E J Z F Y W
S B B L S F O O T O F Y O U R B E D W K E R Z X Z J X O I H
H X Z J G H S S Y U U K E L H O Q G F S N Z O U J D A N N Q
D N M O F Q M R G S I O W R P E N W O K C X V U M B H E N A
P P R O F E S S I O N A L H E L P Q S B Y T Q E Q V H J A R
O K S H J F X C S V H W H I E H K Z W C M J E M V K T M R T
L U L L N L X J B N W V P G S K Q M N M Y T Q M L L Y S D D
B W W H E E Z I A S Q M O N H R K T U J R O L B F F Q B S F
C O O Q D E Y F K A H U O U P D E B L M T J Q D O Z A V S O
F Y O K O U P L O M R G S N Z P T P B J Y H H Q C F U F Q I
U R N H R Z K P C Z G Y V A S N U D G X G X C K Z W N Q D
G E D G I L X W A A D W P P E T H E R A P Y Z G E G X I E X
L I U I T P F A U R Q A S F Z Z E V E F L A I G W P N H R S
X D Z N O U U F R K A E D V N I O R J A B N D K S P L A A L
A W M P S L Z O S P O L P G U S W S S E C X C O T I A T E K
S B T B I X Z U N J J N Y C L A M E S T Y E S X L M M M P R
J Y U N J C Y N M W O D X S Q D O Y R O R E R L C O E A L A
I M G T E Y B B R E P H I B I Q W T S C O O E I G U R N T K
U C W A A B O V L O S Y E S G S F E T S I W J X K G B X N X
Y Y T N U Q C A N U E F P A N I C A T T A C K U A C D W W O
Q H Y L H N H X S N R K M Z M F B O D E B X I A Z M J B W G
D K P Y X R F T K H G R P J O Z Y Y Y O U R M O M S U C K S
V Q B D G H O K C N A G Y N Q G I U L E W L W A Y G M M W U
Q L W R Q M F F Y X B O C X X N R K Q D L Q M T W K N C Z
L A M E F M J K K E H E N G O Q D D Y D U R X X W L Y L P N
X R C Y L Q N J M T O I O C L M X Z W X S T Y P J K Q R I P
```

ProfessionalHelp	Sleep Paralysis	FootOfYourBed	Boo
Panic attack	YourMomSucks	Shadows	
Monsters	Innards	Explody	
Doritos	Therapy	EyeExam	
Blurry	Lamest	HatMan	
Lamer	Lame	Fuzzy	

Loch Ness Monster

Coming in a close second in the category of 'lame monsters' is fan favorite Nessy. Has a giant prehistoric sea monster been hiding out for eons in the vast depth of Scotland's frigid Loch Ness? Or did you just get a blurry picture of a floating log and were too embarrassed to backpedal on what you saw after waiting weeks for the photos to be developed? That does sound like you. But, as it turns out, many of the Nessy sightings and photos were manufactured hoaxes. ...granted that is way cooler than floating logs... But still somewhat less cool than a leviathan of the deep.

But, lame as it was, Nessy took the world by storm!
Hordes of people with expendable income flew to
Scotland to buy teeshirts with goofy-looking dinosaurs
and stay in quaint mom-and-pop bed and breakfasts.
And mom and pop were all too eager to tell the stupid
travelers their own encounter stories while serving up
heaps of souvenirs. Soon, residents near other large
lakes in Canada and the United States decided they
had also seen lake monsters and documented their
sightings with their own teeshirts.

It's important to note that most of this excitement
happened in the 1980s far before the internet
accomplished the herculean task of connecting the
fringe persons of our society who had laid dormant in
their parents' basements waiting for the opportunity to
tell their most insane stories to anyone who would
listen. Once those stories were loosed on Reddit, people
lost interest with dinosaurs that might just be logs but
were probably jokes. However, halfway across the world
in the Congo, another dinosaur may still be hiding...

The Monster of Loch Ness

Loch Ness Monster

```
M O N I M C W K N V I F I S H E R M E N P U L Y S T V V B U
Q K O B Z L Y C O M T C I K A I I W D U I P M E P A X C K S
V T I M V F T H E T I T A N I C X Y X T S H I R T S F X I F
W C S A N Z T E X P E N D A B L E I N C O M E W R I B E M V
L R E S P B E D A N D B R E A K F A S T S V C X U J O N K A
D V C H X R E T P G D U C W B X T N S H A K I S S R A O E U
A V O Z K X E S O O E C B X A A Z F C B X V F Z P T D H G I
H D N D N P Z H H W C O Y B L B Q H B I P N U R Q W S U G L
B S D B J Y I S I A O N F C B M D Y K R Q T K P A M V F P E
R A P L O C H N E S S N Z Y X W X J K F P T K T R K O L U V
E M L I X Z F Y I A T I X L L D Z R O C G T N V F X J O S I
D C A O C T F Q Z I S O G C H O D Z O S U T X R D S V A C A
D N C H O J W O D M F O R P Q W O G K E W D X C L V L T H T
I F E E L H C J U A L I N I L E I K N J T K K Q L P K I O H
T H J Z P G M L P A A R S A C E K R I T J Y E K C E M N O A
C F W O N K Y N E C K D G H L S S H E N F A H N X W Y G L N
I P E X N Y S Q T C E W T V E M E I K L G W W B X T J L B I
C Y N V U V B Y Q Y S M P C A R A A O J A D Q L X U G O O W
E U U R M L P R X E S W O S U M P T M S R N I G D M K G O X
V N E S S Y C E I B M H N M G L S E I O A R D N I G U A K R
P V J L A B P X T D N U R C N D N L O N N U P T O L O S R Y
X J J T X I B E N Z K R C B Q D J K N P G S R D Y S F N E Q
B T H E M I S T B Y S T E V E N K I N G L T T U N D A K P W
V C S L M B I G F I S H J E N V C Y B F Z E Q E S X O U O C
T J F V D Y V B K L J W P P D S E L Q X T A Y D R F R Q R N
Z A T E C B T Z O U S K K G N X B G A F M E M E A J J V T S
I M E A N S C O T T L A N D F Q X I Q Y J E O B E A S T S Z
W W W C X J X M E O H G V D U P D L P F H L L B B M R R B R
G I F T S H O P S J W R M H P D U I C V E T R S D T J P T J
R I E H V Z T R P L D A Z U A W A O F I S H E R W O M A N N
```

GoofyLookingDinosaurs	TheMistByStevenKing	PrehistoricSeaMonster
BedAndBreakfasts	IMeanScottland	SchoolBookReports
SeasonalMating	SecondPlace	Plesiosaurus
ExpendableIncome	FloatingLog	Fisherwoman
FisherPeople	GiftShops	Leviathan
WonkyNeck	Fishermen	TheTitanic
Ireland	BigFish	LochNess
Nessy	TShirts	Reddit
Lakes	Boats	Beast

Mokele-Mbembe

Deep in the heart of the 80s, some white folks decided to go into the Congo and chat up the indigenous folks there. And, at some point in the convo, someone asked, "Ya'll got any weird shit in there?"
And the answer was an emphatic, "Yes!"

The locals talked about a mighty creature who slopped around in a lake in the middle of the Congo jungle pretty much unreachable to anyone. It was big and could chase off hippopotamuses. They called it Mokele-Mbembe, which means 'stop blocking the river, Jerry!'

Naturally, the 'explorers' asked what it looked like. They were told it had smooth, silky skin, a long neck and four legs that went on forever... and luscious eyelashes. Sometimes people said it had a horn on it's face too. Story goes, the white dudes got out the animal picture books they had on hand and the locals picked out a photo of... A brontosaurus! ...which isn't a dinosaur anymore. But then it was. We'll call it... A Longneck!

The bros were like, "aw, hell, no! Ya'll got dinosaurs in there?" and the locals were like, "sure." Rumors spread like a controlled burn! Soon, they reached the 90s and modern-day Creation Scientists who were like, "Sexy horned Brontosaurus? Pfft, eat that Evolution!" They took a bunch of churches' money to send more white dudes over to the jungles of the Congo to look for Jerry. Sadly, no one ever found anything. But there was a pretty weird movie in the 80s where some people did get naked with a baby animatronic Bronto.
And, of all the things I've written about, you're probably thinking, 'yeah, right' to that one.

Google it. I'll wait.

Mokele-Mbembe
Swampy lizard legend

Mokele-Mbembe

```
U H A H T W T G   J D E L F S W P G A O   J A T S U V I Y I O S
Y S M W K K D G H O T B C A U L N S P B U G I P U   J U N E B
B B W D W D K Z X A P L G N O A V U S C L S H A P H C D Y L
P B U I G V T Y Q A I T M I   J P O T H E E I G H T I E S Z N
X V A N R E T V   J S M E A M O   J U Z R G R P Y H K X W U E V
K J H O W S T L M M W V R A M E F N W X I D I   J M P Z R U N
S C K S H M K Y M S A M   J T L G S   J H A V I E D C R F E D W
N B E A T I B M L Q I U D R Q O A D I S E C Y N X T K F S S
W T U U T Y P T G R T T W O V O D S T A R Y D L A Y S P S   J
Y T F R Q W F S B H I V Q N D G I I E C   J G M G K B W X E V
K S N Y Z G D C T P N M N I C L N L P H C H B Y U R C F X T
K R T A G V Q O X I G O H C O E V K E R C S K X I O M B Y B
F E T V R O I W V H H N M B N I Z Y O I L G C L U N Q K B K
I C M L O A I I H R B R I R T T Q S P Z G O U A W T N A E K
J Y Q V P L A H L I O A S O R D Z K L N   J O H F U O N C A   J
F B V E T Y C B Y U F I F N O D F I E V N V M W E S M L S R
K F S V X H Z F H F   J G Y P T L X S N E E M L H C S A M O T B
Q O Z M L P Z M F L U X W O L L U X A Y B U I M T U C N P   J
I P Z W V T L R O X R O L Q E T E C C K G C P I H R R G R C
E U C B T E N O E K S W F Q D T P Q K R O I P Y P U G N F B
V Z Y O T M K O R V E N O U B V I P I   J R O O C X S U E X A
P C L B N F G E K E W L N K U P W G B Q G U P Q W Q R C A A
U Y P Z B G C O C N R W E   J R L U N G I E S O V V U V K G M
B Y T M H V O A X K U S T M N E Q T W M O L T O B D C I O W
S   J Y R Q N C U   J Z R N I L B R D G L D U A A C N M B R T V
P B E G I E G H Z O V Q B B C E   J C E Y S S M V G   J D U N U
U Z K R P H V M E U I   J Z F H B M G V F N H U G H   J R M S C
O W K D R E K Q S E E P Y U S S L B H Q B E S T X R T O K F
T P C D F Y O V   J U Y V Z X M S E E E B K S E Y U T S R B F
L Y W Y L K N Y M Q G N Y V P D M Q M H Z A S   J C F V S K   J
```

AnimatronicBronto	Hippopotamuses	ControlledBurn	Jerry
LuciousLashes	Brontosaurus	MokeleMbembe	Sure
TheEighties	SilkySkin	WhitePeople	
SexyBeast	Explorers	Dinosaur	
Longneck	ImWaiting	Rumors	
Congo	River	Gorgeous	
GoogleIt			

Thunderbird

Birds. Nothing strikes fear into the heart of man like some kind of weird bird. While no one knows exactly why they rattle us all to the bone. But the fact that they're all completely incontinent seems like a good place to start. Birds are everywhere and neither they nor anyone else knows when their bodies will decide to evacuate their contents onto the unsuspecting world below. But most birds can fit easily into a large purse or duffle bag and the amount of waste they can deposit on our cars is fairly limited. Not for the Thunderbird.

Sightings of the Thunderbird are as old as they are credible; some coming from the top military minds of America's Civil War. In an era of industrial and technological explosion, from blinding moonshine to, like, one, submarine, there was no shortage of brilliant minds paving the way for all of the creature comforts of today! And no shortage of Thunderbird encounters. The varied accounts range over hundreds of years and include frightening exclamations like "look up there" and "hey, what's that?" But all of the witnesses agree that what they saw was an enormous bird. Or dinosaur.

Sightings continued into the modern age, but slowly declined and tapered off. This has led many to believe that the Thunderbird could have been some remnant of the prehistoric world that finally succumbed to habitat loss and the harsh conditions of the industrial age. But has the very last giant dropping landed on our new world below? Or do a few more thunderbirds still fly high never knowing when it's time to go?

The Mighty
THUNDERBIRD!

Thunderbird

```
G J F U M E P I D N F H I J C D L X S O G I Y V N W W D Z H
M R P B K Y M O E N B W Q V C V V G Z Q Y B I E C I M T L R
J U G I M G H V L G Y L P U L A A D S L U P D P Z N C Y X A
H A M R R O S A T V S P O T Q B R S A M A F M K I C T E P R
T H F D C Z O Z M K J G R U E P X W E D P P F Q X O V I O J
B P I S G Z P N B U O O K T T R C F A N P Q T V Z N P O P R
N L R I E I Z P S A T H V E H J O B Q S U U P M F T N T H D
C O I E V G B A R H B T S B Z U X D X D H S P Z E I P R D X
Z J H W H W D N M T I D U I P A N C A G W C R H E N C M H
X L F Q Z I R U E E T N F X C D H D H C X O O N U E Q T T E
I C V C P W S H N F R M E R T N U B E N T W Y N K N S E F N
Z G K E F N H T P G U I N E N F P A E R W Y G X D T Y E X B
K X K X X Y J C O X F X C N W D N C R B B L U R O O X F M
I N F Y Y K B B P R I V F A I O T Z J I Z I U Z P C R E V O
P G Y J K T K D W V I N E T N V R E S S Y A R M Y G E T E M
T B R U B S P P J A E C S V A C I M N R L R Y D M K N F H D
W J Z A O S T H C C V E G W T O I L O C S H A S G B M I E E
V Y Y S B O S T T S A M K I F T K V W U W B Y M V Z S X U
X C V F W Y N L J T Q J F U A X T P I A S R Q B P B P X U C
D D N E A G A I V P F N C D M N W H E L R B O J R A V N T P
T B W P V I I Y S P O U L A D N T C U D W S V C R O U O X I
V M H D X G R P I K G N L X J D C D J N J A C E N U F A W G
I D H C C D V K G B S P E C N X G Q R W D N R I U Y Z Z H E
K Q G Y E G Y L H S I K O B B K L L Q O V E W R E W J T C O
M P X B Z H Y V T V Y G G V I C O Z C Y C P K R I B N G E N
F Q P X O L E Z I E E A B H B G Z E K C H P Z C D P C A L C
G Z P X C Z D Z N O K Q D I M E H T L G U G I H A I R E A P
D S Q M E N Q U G J D M V B R G X O D D I N F N L T R J Q Z
P O S I B C I E S W F P I W S D V L D A K C M G Q S D V S
L J T B P T A C G I S Z R K C H K F M E Z Z T X O X W R E D
```

AmericanCivilWar	CivilWarScience	Giant Dropping
Incontinent	Thunderbird	Prehistoric
Thundercats	Pterodactyl	OneBigHole
Sightings	Enormous	Carwash
BigBird	Moonshine	GrabYa
Condor	Pigeon	Birds

El Chupacabra

El Chupacabra, or in English, "The Chupacabra," is a term of endearment for small to midsezed monsters who drain the blood of livestock. The word's etymology comes from the Latin "Chup," meaning "goat," and "Acapra," meaning "slurpy."

Because these poor guys can't just pop into the 711 for some goat's blood when they're hungry, so they've been pushed to the outskirts of society, forced to ravage livestock to survive. Neither farmers nor goats are happy to see them. But they rarely do!

The stealthy Chupacabra is so rarely seen that little is known about it. People claim it's a smallish, middle-looking, fury or scaly, winged (maybe) guy with sharp teeth and a tail. So, that could be like, anything. Hell, that could be someone you know.

But, perhaps the biggest mystery with El Chupacabra is that it's rarely seen outside of Latin America. It's not well understood if they dislike the colder climate or just the political atmosphere. Or purhaps there's a long standing territorial dispute between Chupacabras and the Texas Stink Ape to the north. Experts disagree and neither party has officially commented

El Chupacabra

El Chupacabra

```
N Y E A F Y J J S G U B Z I N E O O O N A Y G F F X H Q I S
S F A C A P R A V R P K C X O V L N E A Z A P O P T D R I S
M I D S I Z E D M O N S T E R S A R C M P O U L C A F F W J C
R F M J R S M U F X B C B J G U L C H D Z V L O J T I F J Y
W J B I H M W C I Z N V C N C H U P G U K F U Z K E S G R F
H I J O D Y X A Y I N U X P P C P N D Z P Q U S O F G J Z S
I E W G M N X O B A H Z M E I S X O P P V A F A R M E R S N
L K L Y N W I I F M J P D D Q Q X D J O I D C H U P K T U Y
H A W U U I I G C K N O J M O J E A W L U V S A K B C J I P
M D T C E M X N H K A V P T P O C Z V I M A A W B M S I F P
B U W I W P M T G T C Z F F M P I T Q T X N C H R R T H T K
Z R G H N O A I W E S U M O K S Z N W I H D K S G N A R A Y
X H H Q N B I C L B D N P L N Z H M E C Q A V A M U A K Y J
A H U V Y X Z H F I A P A N D J M F R A Y Z X A D N A B H Q
Y O P O E X Y C G K C E V C V V A X P L Z G S T E A L T H Y
W N A D Z N P Z U S K O P G K A A Z Q A B H L V E A U K O U
C Z I V M R P C F P P A U I R M E T T T V F P D S F P X Z H
I B V E E H Q X X P R Y O S B P N E M M M T M E H H Z G S N
K P V N E H Y M A C Q L O V F I O X S O F V N N A P W H U N
F H Z I R Z W H I T S C L X L R B A E S I B O D R Q M T C U
K N Z J A D S C K J W M V H H E I S V P H O B E P V P K K J
L E G O A T S B L O O D I X Z J J S E H X S M A T P W K E O
G A Z P X Z F U L R B G G L V K O T N E H X Y R E Z D Y R M
U D M C H U P P A C H U P P A E O I E R R J U M E F V I G Q
P S V H L X O R K G O L O C O C Y N L E B K L E T D F P V N
Q L Q L C G W K A I H C D U S V M K E C E G Q N H R U M K T
W U L J W T L Q W W U F I G V H T A V N Q V T Q S K L C W
L R N I J H M A R F I T S R L X V P E P W J V V H O M G D U
J P C Z E B P E C L O L A R I S D E N V Q A Z K D R R Y S G
C Y P W A Y V A G S Y L U S Z B R D O V D O G P O L H P V V
```

PoliticalAtmosphere	Latin	MidsizedMonsters
TexasStinkApe	MidnightSnack	ElChupacabra
ChuppaChuppa	SevenEleven	Yummilicous
Endearment	GoatsBlood	Stealthy
SharpTeeth	Farmers	Slurpy
Acapra	Winged	Goats
Sucker	Chup	Vampire

The Loveland Frog-Guy

So, here's the thing with this one. I have no idea who or what the Loveland Frog-Guy is. And, honestly, it's really too dumb sounding to even look up. Have I ever heard a cool story about one? Nope. I bet you haven't, either. Anyway, maybe it looked like this?

The Loveland
Frog-guy

The Loveland Frog-Guy

```
T Y Y D S S B G Y N D F F E C F E P H G L A L A L J S W T Q
O B Q Z F R O G G U Y A A R S O K H H W J F H P S D H G L H
Q K V G Y I B M R I X F J A O H R O I Z L R V R R J V Y D Q
F Q T U C O Q V A E W Y B B H G E B Y A W O L T G D J Y E C
R X P Q B B D J N T S U E E K L G A O T F G Z Z U B E F F B
O F R O G G U Y G F D V B X X A F U Z B R G R Y W X X P E X
G F W Z W B X R S R O F R O G G U Y Y M O U C U Z F K O M I
G K M I Y F X E T O B I C S G E Y I U L G Y L T J R O G T C
U E F V W G Y E K G F R O G G U Y W F B G P Q R I O W G M V
Y F M R Y G Z H T G R W P W E X J Y H G U T J U A G Q U M L
F G R X O W V A Y U O Q Y T Z X K B N U Y K A U D G M Y X S
R R C O X G R S S Y G M F R O G G U Y Q T Q Z T F U L G I W
O Y E N G Y G S Y G F R O G G U Y D M E H Y Q Q Y A A Y D
G V H A G G Y U Z P U R C L Z W D B F E Z E A X W I R I A O
G J O M G M U F Y T Y O Z P L B F R O G G U Y M H K Q C I R
U L X F E A N Y S T U G W M A O Q Q J O O P L Z P K I F O J
Y C V R C N E F R O G G U Y Q I J E W M F R O G G U Y N O F
N Y L O U A K H F T D U C F U L P U I W T J E Z S Z G X Z I
E F Z G B C M F W R N Y Q D M B L G H A E I P T N T S R X T
Y R D G C M H V R A O X F X B M F L Q B A F G F E S G Y O V
G O W U J M A V J O H G Q Z F U W Q M T D H R L X A O W Z C
D G B Y S J K J O P G P G Y Y Z W F I W Y J O Z X L V J Z
H G I K F R O G G U Y G B U I V V E R D M G M O G S R Z Q I
O U S L D R X L E N H O U C Y E F B O F F U C I S G Y Y Z G
N Y Z P N M G V G V X H O Y L M L A G Z R F W Z G U W W F
Q J D Y E F R O G G U Y T V I S P V G F O O A I S P L Y C O
W E B C W T B C Y C Z E Q V W S D R U H G J G F R O G G U Y
K X W V E I V X T A X N X F R G E M Y E G T J G R U N M F X
B G W A M Q N L Y X M S N X G M Z T H U Q N G U I A L T Q
S E G S M S X E H D T T S W Z O C B D U Y S Q C Q Y R Z F O
```

FrogGuy	FrogGuy	FrogGuy	FrogGuy
FrogGuy	FrogGuy	FrogGuy	FrogGuy
FrogGuy	FrogGuy	FrogGuy	FrogGuy
FrogGuy	FrogGuy	FrogGuy	FrogGuy
FrogGuy	FrogGuy	FrogGuy	FrogGuy
FrogGuy	FrogGuy	FrogGuy	FrogGuy
FrogGuy	FrogGuy	FrogGuy	FrogGuy
FrogGuy	FrogGuy	FrogGuy	FrogGuy

Hopkinsville Goblins

The next time you're grumbling to yourself about the neighbors, you should take a moment to remember the story of the Hopkinsville Goblins. Some family of seventeen or so Hilljacks in Tennesee were enjoying a quiet evening at their woodland home when someone spotted something outside.

Several small, humanoid creatures were running around in the yard, almost as if they were playing mischievously. Since it was dark, and they were about the size of children, the family decided to start shooting. They claim that bullets bounced right off the little guys (which was great news for whoever the parents of the "goblins" were.) The "attack" lasted hours, and soon, police and the press were all called out to try and find the critters and their spaceship. ... but they couldn't. The ship was gone. But were the goblins?

After experts carefully analyzed the description given by the family as well as their toxicology reports, they quickly noticed the similarities between these "goblins" and The Grays. Most ufologists now agree that the goblins are simply poor-bred Grays who were unceremoniously dropped off to fend for themselves as some kind of extraterrestrial practical joke. Locals claim these goblins still reside in the cave systems of Tennessee and can often be seen running into town for supplies for their still.

This way to creepy cave
Alien Chew Spattoon

Hopkinsville Goblins

```
T M H W P B N F X O O C R I T T E R S B W V A P T G E T N I
G T B A B I E S C R Y I N G Y V N Z T O P B H I Z N J L C U
E R K R Q C I V Q P O B T L N Y M L S T C U X P T Q M K A D
U D U W X G X Y Q D O S W E Q R X Y Y U P G O R M B D C C F
U V Y H V R Q R N S Y P K Y G C Q H E D B E J A W Z F H F L
I R K B F C U A L J S A D T E A N M V H N Y D C Y K W W R T
R V O T W V I E L Q B C H C A A W Q N C W E J T K E D J V Z
Z H D D M O T B J S R E U B L D B F U H W S A I X E C O G C
H Z W U K H O Z Q G O S M T P J Z O O I D D O C W G A O Z S
X Y A Z S P K D F E X H A E V J W I I L X P T A K S V B Z T
J S L Y Q H F S L D S I N X X M K V G D O N A L A N E W P L
M F P W V C Q Y M A T P O A G T U A P R I Z Y J Y P S N T T
O F R J Y N C W Y V N R I B E U R O A E M Y V O I K Q V K L
O I K T E U L N G I V D D G D A A A B N Z F A K N O W J D D
N F S O V F W J T E V R C O R F V O T E J F K E J P X U C N
S Z V X E O H Y U X P C R B P I Z W L E T B H P L R R U E N
H I L I V L V E T D X T E L D C E Q A P R O Y I K K N R O A
I J P C J O B T R W G O A I E K A M F P K R O O O K Z G A C
N Y T O Q G U Q E D C U T N P Q J O Y K P T E N N E S E E I
E K V L F I L Z G W I W U S J X X V Z N F A E S Q L X M Y K
A V O O S S L D N Q H D R L T D L Y X B T I L T T F P L C Y
B O Y G I T E S B X V E N Z D V M H F B G N A Q R E P B S
I U E Y D S T U L H Z E S O R N E I G H B O R S C L I D B Z
G G L R I I S M D Y B G B N D R U N Y B N V Z H X A W O
E G A E R Y K D H N E I Y B M R E D S D T R F E F I I I L Y
A X L P B V B I M J O W J J D E O A A Q P M E F Z W S A Z R
R O N O S N A M G O A O H O P K I N S V I L L E Q S N N O Z
S G H R V B X S P L A Y I N G M I S C H I E V O U S L Y C Z
Q N H T X E M B C D D D D E M O Z L B H H W K D O P E J B Q
J D R S N G M Q O J F B P U N F I T Q X K P I A B P L W I Z
```

PlayingMischievously

Extraterrestrial

BabiesCrying

Spaceship

Hopkinsville

Critters

BugEyes

Caves

HumanoidCreatures

Practical joke

Ufologists

Tennesee

Woodland

Children

Bullets

ToxicologyReports

Appalachia

Moonshine

Neighbors

Goblins

BigEars

AUTHOR & ILLUSTRATOR, DAVID PRIEBE

COLOR YOUR OWN TRADING CARDS

Black Eyed Kids
well hey mister let me in!
NESSY
The Monster of Loch Ness
THE Bigfoot Rules the NIGHT!
Alien Chew Spattoo
is way creepy cuz
y guys
El Chupacabra
52 mi. to Latin America
Man or Moth?

DRAW YOUR OWN CRYPTIDS!